Georg F. von Wehrs

Vom Papier und von den Schreibmaßen, derer man sich vor der Erfindung desselben bediente

Georg F. von Wehrs

Vom Papier und von den Schreibmaßen, derer man sich vor der Erfindung desselben bediente

ISBN/EAN: 9783743658158

Hergestellt in Europa, USA, Kanada, Australien, Japan

Cover: Foto ©Andreas Hilbeck / pixelio.de

Weitere Bücher finden Sie auf **www.hansebooks.com**

Vom
Papier

und

von den Schreibmassen,

derer man sich vor der Erfindung
desselben bediente.

Ein Schreiben

von

Herrn G. F. Wehrs,

der Rechte Candidat,

an

Herrn J. D. Lübbers,

in Stockelstorf bei Lübeck.

Hannover, 1779.

Vorbericht.

Dieser Aufsatz war anfänglich für den Jugendbeobachter bestimmt. Die Grundlage ist ein Brief an den hoffnungsvollen, sechszehnjährigen Eleven des Herrn Verfassers. Da mir aber der Aufsatz für die genannte Jugendschrift zu lang schien, so gebe ich ihn hier dem Leser besonders, als einen Anhang zum vierten Bändchen, nachdem er vom Verfasser zu dieser Absicht gänzlich umgearbeitet, und um zwey Dritthel vermehrt worden ist. Daß er seiner Länge ungeachtet die zufällige Form eines Briefes behalten hat, wird man ihm nicht zum Fehler anrechnen, wenn er übrigens gut ist.

der Herausgeber.

Mein Lieber!

Hier haben Sie einen Beweis meiner Freude über Ihre täglich zunehmende Lernbegierde. Vor einer halben Stunde erhalte ich Ihren Brief, worin Sie mich bitten, Sie während Ihrer kurzen Abwesenheit über diesen, oder jenen Gegenstand schriftlich zu belehren, und schon sitz ich am Schreibtische, um Ihr Verlangen zu erfüllen. Stof, dacht ich, wird sich schon finden, aber nun sitz ich doch da, und sehe aufs Papier, unschlüßig, welchen ich aus der Menge sich hervordrängender Gegenstände wählen soll.

Ich will den ersten den besten nehmen, und Ihnen etwas vom Papier sagen. Wenn ich auch nicht den angenehmsten für Sie gewählt habe, so ist er doch gewiß sehr nützlich. Und oft hat man von solchen Künsten und Erfindungen, die für uns die nützlichsten und nothwendigsten sind, die wenigste Kenntniß. Vielleicht liegt der Grund dieser Nachläßigkeit darin, daß wir die Früchte solcher nützlichen Erfindungen schon in den Jahren sehen und gebrauchen, da wir noch nicht fähig sind zu überlegen, oder daß wir sie täglich sehen und gebrauchen, und dadurch gleichgültig und unempfindlich dagegen werden. Vielleicht trägt auch der gewöhnliche Fehler der Jugend, das Angenehme dem Nützlichen vorzuziehen, viel dazu bey. Doch dem sey, wie ihm wolle, mir liegt nicht so viel daran, den Ursachen dieses Fehlers nachzuspüren, als Ihnen einen Wink zu geben, ihn zu vermeiden.

Ich habe diese Nachrichten vom Papier und den sonst üblichen Schreibmassen, mir nach und nach beim Lesen aufgezeichnet. Sie können sie vollständiger machen, wenn sie künftig einmal Hambergers Nachrichten von den vornehmsten Schriftstellern, Gatterers Diplomatik, Montfaucons Paläographie, des Herrn von Justi Schauplatz der Künste und Handwerker, und andere dahin gehörige Schriften nachlesen wollen.

Nicht

Nicht von jeher hatte man Papier, sondern man bediente sich vor der Erfindung desselben verschiedener anderer Dinge, um darauf zu schreiben. Gemeine Steine, Blei, Erz, Ziegelsteine, Schiefer, Holz, Blätter, die innern Häute der Bäume, nachher Häute und Eingeweide der Thiere, Leinwand, hölzerne Täfelchen, bloß oder mit Wachs überzogen, Helfenbein und andere Materien waren die sonst üblichen Schreibmaßen, worauf man Dinge, die man auf die Nachwelt bringen wolte, einäzte oder schrieb. Man erfand darauf das ägyptische Papier, das Pergament, das Baumwollen- und Baumrindenpapier, und dann erst unser Papier von Leinwandlumpen. Steine, Metalle und Holz nahm man gewöhnlich zu den öffentlichen Schriften, um Gesetze und allgemeine Begebenheiten darauf einzugraben, der andern minder dauerhaftern, aber bequemern Schreibmaßen, bediente man sich zu Privatschriften.

Nach dem Josephus haben Seths Kinder ihre Erfindungen und astronomischen Entdeckungen auf zwo Säulen eingegraben. Eine soll aus Stein, die andere aber aus Ziegelleim gemacht gewesen seyn. Denn man giebt vor: sie hätten von ihrem Großvater Adam gehört, die Welt würde einmal durch Feuer und einmal durch Wasser verderbt werden; damit nun ihre Wissenschaft vom Himmelslauf u. s. w. nicht verlohren gehen mögte, so hätten sie solche auf die vorgedachten Säulen eingegraben, wovon die eine nicht durch Feuer, die andere nicht durch Wasser zerstört werden könnte. Hiob, oder vielmehr der Verfasser dieses erhabenen Lehrgedichts in unserer göttlichen Offenbarung, gedenkt im 19. Cap. der Felsen und des Bleies, als der zu seinen Zeiten gewöhnlichen Schreibmassen. Das Eingraben der Worte auf Steine, ja gar auf Felsen, war nicht nur durchgehends im hohen Alterthum, sondern auch zu allen Zeiten gebräuchlich, besonders um Gesetze, Verordnungen, und allgemein wichtige Begebenheiten zu verewigen. Ihnen fallen hiebei gewiß die zehn Gebote und die Namen der zwölf Stämme der Israeliten ein, welche leztern in dem Ephod des Hohenpriesters auf Edelsteine gegraben waren? Die Babylonier bedienten sich, nach dem Plinius, der Ziegelsteine, und Porphyr gedenket einiger Säulen auf der Insel Creta, worauf der Opferdienst der Cybele und die gottesdienstlichen Gebräuche ihrer Priester eingegraben standen. Ich würde auch die Inschriften des Berges Sinai und der naheliegenden Berge hieher rechnen, wenn das Alter derselben nicht un-

ge-

gewiß wäre. Die Hieroglyphen der Aegyptier, die sich rühmten, sie wären die ältesten unter den Menschenkindern, findet man größtentheils auf Obelisken, andern steinernen Säulen und alten Särgen.

Das Blei ist unter den Metallen die älteste Schreibmasse. Außer der Erwähnung desselben im Buch Hiob sagt uns Pausanias, daß Hesiods opera & dies auf bleierne Tafeln geschrieben waren, die man in dem Musentempel, auf dem Berge Helikon, in der Landschaft Böotien aufbewahrte. Plinius sagt auch, daß man sonst auf Blei geschrieben, welches wie ein Cylinder zusammengerollt wurde. Es sind noch dergleichen bleierne Bücher vorhanden. Nachher gebrauchte man Erz häufiger, als Blei. Unter den noch vorhandenen Ueberbleibseln auf Erz sind die merkwürdigsten das berühmte scriptum de bachanalibus in der kaiserlichen Bibliothek, und Trajans tabula alimentaria. Die berühmten Gesetze der zwölf Tafeln, die die Römer größtentheils von den Griechen geholt hatten, wurden anfänglich auf eichene, nach andern auf 10 elfenbeinerne Tafeln geschrieben und pro rostris aufgehangen.

Nachdem sie aber vom Volke gebilligt und noch 2 hinzugefügt worden, grub man sie in Erz. Als das Gewitter einmal ins Capitolium schlug, bedauerte der Kaiser Octavius August besonders die Gesetze der 12 Tafeln und noch andere Land - und Stadtordnungen, die in Erz gegraben waren und auf dem Capitol aufbewahrt wurden, welche in diesem Brande zerschmolzen. Die Gesetze der Cretenser waren auch in Erz gegraben. Und überhaupt gruben die Römer ihre Gesetze, plebiscita, (Volkssatzungen) Bündnisse, und andere öffentliche Handlungen, zur Zeit der Republik sowohl, als auch im nachherigen Reiche in Erz ein. Der Römer und Spartaner Bündnisse mit den Juden waren in Meßing gegraben; 1 Maccab. 8, 22. Cap. 14, 18. Eben dis geschah aber auch von den Municipalstädten, von den Zünften, und Privatpersonen, welche leztern öfters der Sicherheit wegen die Gränzbestimmungen ihrer Besitzungen auf eherne Tafeln graben ließen. In verschiedenen Cabinetern trifft man auch Abschiede für Soldaten auf Kupfer an.

Einige halten dafür, daß man in der ältesten Welt zuerst auf Holz geschrieben habe. Gewiß ists, daß Buchsbaumbretter und helfenbeinerne Tafeln eine
sehr

sehr gebräuchliche Schreibmasse der frühern Zeiten waren, aber so zuverläßig kan man hierin nichts bestimmen. Der Schrift auf Holz wird Jes. 30, 8. Habacuc 2, 2. gedacht. Wichtige Handlungen großer Fürsten schrieb man gewöhnlich auf Elfenbein. Ulpian im 32. Buch der Pandecten meldet solches, und Flavius Vopiscus sagt, in Ulpians Bibliothek sey ein helfenbeinern Buch gewesen. Solons Gesetze waren auf Bretter geschrieben; und noch im vierten Jahrhundert, unter den Kaisern, wurden die Gesetze auf hölzernen, mit Bleiweis überzogenen Tafeln, bekannt gemacht *). Die Römer hatten, wie Sie wissen, zum täglichen Gebrauch, und besonders zu Briefen, Täfelchen von gemeinem Holz mit Wachs überzogen, die in Leinwand eingesieget, oder auch wol, wenn Testamente drauf standen, mit Schnüren durchzogen wurden. Man schrieb darauf mit einem Griffel (stilus) von Bein oder einer andern Materie, der

*) So oft man in Rom einen Prätor gewählt hatte, ward beim Antritt seiner Regierung allemal ein Edict (edictum perpetuum) publiciret, dann auf eine große weisse hölzerne Tafel geschrieben und öffentlich aufgehängt, unter dem Namen album prætoris. Auch die Klagen, die man anstellen wollte, schrieb man auf eine große hölzerne Tafel.

der an dem einen Ende spitzig, an dem andern aber breit war, um das Falschgeschriebene wieder auslöschen zu können.

Sie erinnern sich vielleicht noch der Redensart, Stilum vertere, den Griffel umkehren, d. i. etwas auslöschen. Man hatte dergleichen Tafeln noch im eilften Jahrhundert. Beim Gymnasium zu Thorn bewahrt man, wenn ich nicht irre, noch einige auf; sie sind aber aus dem zwölften, wo nicht gar aus dem dreizehnten Jahrhundert.

Auf die Bretter folgten die Blätter des Palmbaums und anderer Bäume, z. B. der Pappeln und Oliven. Die Sybille beim Virgil schrieb auf Blätter, und in Ostindien geschieht es noch jetzt. Ihr Herr Vater kan Ihnen Rechnungen auf Palm- und andere Blätter geschrieben zeigen, die er in Ostindien empfangen hat. Wenn Sie einmal nach Göttingen kommen, so können Sie auf der Bibliothek eine ganze Bibel in malabarischer Sprache sehen, die auf Palmblätter oder Schilf, genau weiß ichs nicht mehr, eingegraben ist. Die Blätter sind auf eine Schnur gezogen. Die Aegyptier haben, nach dem Plinius, zuerst auf Palmblätter geschrieben, daher auch die

Schrif-

Schriften, phönicische Buchstaben genennet wurden, weil die Griechen den Palmbaum Phœnix nannten. Auf Pappelblätter schrieb man gewöhnlich nur heilige Sachen. Vielleicht nennet Pythagoras deswegen das Pappelblatt ein heiliges Blatt. Diodor von Sicilien sagt, die syrakusanischen Richter hätten die Namen der Landesverwiesenen auf Oelbaumblätter gezeichnet, und diese Strafe hieß Ekphyllophoresis.

Hierauf bediente man sich zum Schreiben des Baumbastes, oder der innern zarten Rinde der Linden, Eschen, des Ahorn und des Ulmbaums. Die Völker auf der malabarischen Küste haben bis jezt noch keine andere Schreibmasse wie Baumrinde oder Bast. Herr von Justi versichert, er habe selbst einen Frachtbrief auf Baumrinde in malabarischer Sprache. Dieser Bast heißt auf lateinisch, Liber, und daher ist die lateinische Benennung eines Buchs entstanden. Um eine solche beschriebene Baumrinde bequem allenthalben bei sich führen zu können, pflegte man sie aufzurollen, und eine solche Rolle hieß Volumen; eine Benennung, die nachher die Papier- und Pergamentrollen, ja auch unsere Bücher behielten, ob sie gleich von ganz anderer Form sind. Das Wort Codex, eigentlich Caudex, ist uns auch daher geblieben.

ben. Es bedeutet eigentlich einen Stamm vom Baum, nachher wenn viele Blätter von Spähnen zusammengefügt waren.

Man mahlte darauf auf Leinwand mit einem Pinsel. Nach dem Symmachus waren die Schriften der Sybillen, und nach dem Livius die Jahrbücher der Römer auf Leinwand geschrieben.

Weil aber dis dem Moder zusehr ausgesezt war, so fing man an auf Thierhäute zu schreiben, die auf beiden Seiten gegerbt waren *). Man findet noch solche Bücher in der vaticanischen, in der königl. französischen und andern Bibliotheken. In dem Convent der Dominikaner zu Bologna sind die zwei Bücher des Esdras, auf dergleichen Leder geschrieben, vorhanden. Isidorus sagt, man habe auch auf die Gedärme des Elephanten geschrieben, und bei dem Brande zu Constantinopel, zur Zeit des Kaisers Basiliskus, verbrannte das Gedärm eines Drachen, welches 120 Fuß lang

*) Auch die Hirten der älteren Zeiten zeichneten ihre Hirtenlieder mit Dornen oder Pfriemen auf lederne Riemen, die um die Hirtenstäbe gewunden waren. Herodot bezeugt es von den Joniern, und Diodor von Sicilien von den alten Persern.

lang war, worauf Homers Ilias und Odyssea mit goldenen Buchstaben geschrieben waren. Doch waren dis keine gewöhnliche Schreibmassen, sondern man zeigte sie als Seltenheiten; dergleichen man auch noch jezt fast in allen öffentlichen Bibliotheken antrifft. So zeigt man z. B. in der königlichen Bibliothek in Hannover einen auf Goldblech gegrabenen Brief, den ein unabhängiger Fürst auf der Küste von Coromandel an den König Georg II. geschrieben hat.

In Aegypten hatte man seit uralten Zeiten eine Schreibmasse, die man aus dem Papier (papyrus *), einer

*) Plinius sagt, die Papierpflanze in Aegypten habe eine Höhe von 9 bis 10 Cubitus (ein Längenmaaß der Alten eines Ellenbogens lang); ihr Stengel ist dreyeckigt, von der Dicke, daß man ihn mit der Hand umfassen kan. Ihre Wurzel ist braun; sie endiget sich in einem Busch von Haaren, oder in einem Federbusch, der aus langen und schwachen Fäden zusammengesezt ist. Außer dem Plinius, der die Pflanze nach dem Theophrast beschrieben, ist sie vom Guilandin, einem Schriftsteller des 16ten Jahrhunderts, in einem gelehrten Commentar über die Capitel im Plinius, die vom Papier handeln, beschrieben, wie auch vom Prosper Albin und Lobel. Bei den neuern Schriftstellern der Kräuterkunde, hat die Papierstau-

de

einer Art Schilf bereitete, das ohngefähr 10 Fuß hoch ist, und an dem Ufer des Nils und in den sumpfigten Gegenden Aegyptens wächst. Der Stengel dieses Rohrs besteht aus vielen Häuten, die dicht über einander liegen, und gegen die Mitte immer feiner werden. Man löste diese Häute mit einer Art Nadel, oder spitzen Muschel von einander ab, breitete sie der Länge nach auf einem naß gemachten Tische, in der Form aus, welche die daraus zu verfertigenden Bogen haben sollten, und überstrich sie mit heißgemachten, klebrigten Nilwasser, als mit einem Leim. Nachher legte man auf diese erste Blätterlage eine zwote, preß-

de folgende Namen: *Papyrus syriaca & siciliana. Cyperus niloticus, vel syriacus maximus papyraceus; Cyperus enodis nudus, culmis e vaginis brevibus prodeuntibus, spicis tenuioribus; Cyperus omnium maximus, Papyrus dictus, locustis minimis; Cyperus culmo triquetro nudo, umbella simplici foliosa, pedunculis simplicissimis, distiche spicatis.*

Die Pflanze Papero, die in Sicilien wächst, muß nicht mit der ägyptischen Papierpflanze verwechselt werden.

Der Erfinder des ägyptischen Papiers, soll nach dem Plinius, lib. 7. c. 37. Aspasius Biblus geheißen haben.

preßte die so verfertigten Bogen, nahm sie alsdann von dem Bret herab, trocknete sie an der Sonne, und glättete sie mit einem Zahn. Man durfte das Nilwasser nicht zu häufig und nicht ungleich auftragen, sonst bekam das Papier Flecken. Ohngefehr zwanzig solcher Bogen leimte man aneinander, und rollte sie auf. Eine solche Rolle hieß ein Buch (scapus). Nach dem Plinius und Jsidorus gabs verschiedene Arten dieser Schreibmassen *), die den Namen Papier, von der Stau-

*) Plinius giebt acht verschiedene Sorten davon an:

1) *Charta Claudia*, vom Kaiser Claudius so benannt, der es machen ließ. Es war 2 Finger breiter, als *charta Augusta* oder *Hieratica*.

2) *Charta Hieratica* (das heilige Papier), weil es von den Römern blos zu heiligen Schriften und Büchern gebraucht wurde. Um dem Kaiser zu schmeicheln, nannte man es nach ihm und seiner Gemahlin, *charta Augusta* oder *Liviana*. Sonst hieß es auch, weil es zu Briefen gebraucht wurde, Schreib= oder Grußpapier.

3) *Charta Fannia*. Q. *Remmius Fannius*, ein berühmter Grammaticus, unterhielt öffentliche Werkstellen, in welchen diese Sorte von Papier verfertigt wurde. Man brauchte es vorzüglich zu Comödien, und glättete es besonders, welches bey den andern Sorten nicht geschahe.

4)

Staube dieses Namens beibehielt, und den ganz davon verschiedenen Schreibmassen von Baumwolle, Seide und Leinwandlumpen eben diesen Namen gegeben hat. Varro irret zuverläßig, wenn er das Alter des ägyptischen Papiers in die Zeiten Alexanders des Großen sezt. Nach dem Plinius ist es viel älter, und ein Italiener hat das hohe Alterthum desselben aus dem Homer, Hesiod und Herodot bewiesen **). Es hat sich auch sehr lange im Gebrauch erhalten, denn

4) *Charta Amphitheatrica*, oder *Athribitica*, von der ägyptischen Vogtey, wo es gemacht wurde. Es war viel schlechter als die vorhergehenden Sorten.

5) *Charta Saitica*, von Said oder Sahid, wo man es verfertigte.

6) *Charta Toeniatica*, oder *Tanitica*, von der Statt Tanie, jezt Damiate.

7) *Charta Emporetica*, oder Krämerpapier, welches zum Einwickeln der Waaren gebraucht wurde.

8) *Charta Macrocolla*, (oder *Macrocollum* allein), von seiner Größe so genannt.

**) Wahrscheinlich hat schon Moses seine Bücher auf ägyptisch Papier geschrieben. Man sehe davon Bjørnståhls Briefe auf seinen abendländischen Reisen, 1ter Band. Stralsund, Rostock und Leipzig, 1777. S. 28.

denn man findet noch um das Jahr 1160 Spuren davon. Diplome auf diesem Papier findet man noch aus dem neunten, zehnten, und einige aus dem eilften Jahrhundert. Um diese Zeit aber verlohr es sich nach und nach. In Wien, Corvey und an mehrern Orten, sollen noch solche Diplome vorhanden seyn. Man findet auch noch wenige Fragmente von Handschriften auf dergleichen Papier, die sehr geschäzt werden. Die größten Stücke sind: das Evangelium des heil. Markus auf der Markusbibliothek zu Venedig; Fragmente von den Evangelien des heil. Matthäus und Johannes, vier Blätter; in England in der Cottonianischen Bibliothek, und hin und wieder in Italien blos einige lateinische Handschriften von Kirchenvätern und Erläuterungen der Psalmen. Das größte Stück ist in Mayland, und enthält einen Theil von Rufius Uebersetzung der jüdischen Alterthümer des Josephus. Beim Nachgraben in dem versunkenen Herkulanum gerieth man in das Haus und in die Bibliothek eines epikuräischen Philosophen, worin man lauter Handschriften auf ägyptischen Papier antraf, die aber fast ganz vermodert waren. Man gab sich viel Mühe einige zu entwickeln, und nach Winkelmanns Sendschreiben über die herkulanischen Entdeckungen, hatte man bereits, da er schrieb, vier

B 2   Stücke

Stücke vom epikuräischen System entwickelt. „Es
„ist sonderbar genug, schreibt Byörnståhl im 2. Brie-
„fe, daß alle Vier, die man zufälliger Weise genommen
„hat, von demselben Schriftsteller sind. In der Ord-
„nung, in welcher sie abgewickelt worden, ist das
„erste gegen die Musik; das andre von der Rhetorik,
„Volumen secundum; das dritte, von Lastern und
„Tugenden einander entgegengesezt; das vierte von
„der Rhetorik, Volumen primum. Alle sind von
„Philodromus, griechisch geschrieben. Die Buch-
„staben sind wohl zu sehen und leserlich. Gleichwol
„sind hie und da Lücken, wo die Stelle entzwey ge-
„gangen ist. Diese werden einmal schwer auszufül-
„len seyn, wenn der ganze Text herausgegeben wer-
„den soll. Die Anzahl aller vorhandenen Rollen geht
„auf 800 Stück; es fehlt aber sehr viel daran, daß sie
„alle abgewickelt werden könten; denn ei 1 großer
„Theil ist so verbrannt, oder sonst verdorben, daß ih-
„nen gar nicht zu helfen steht. Herr Piaggio hat ei-
„nen Bericht davon gemacht, auch eine Abhandlung
„von der Zusammensetzung und Materie des ägypti-
„schen Papyrus, wie man es an diesen Rollen findet,
„aufgesezt, die vielleicht gedruckt wird. An diesen
„Rollen kan man lernen, was die Alten unter Volu-
„men verstanden haben. Wenn man sagt, daß die
„al-

„alten Bibliotheken, wie die Alexandrinische, 3 bis
„400,000 Volumina enthalten haben; so muß man
„nicht gleich glauben, sie sey größer als die königliche
„Bibliothek zu Stockholm gewesen. Denn jeder Theil
„von einer und derselben Arbeit machte bei den Al-
„ten ein besonderes Volumen aus, so wie *Ciceronis*
„Officia drei Volumina waren, und wir hier Philo-
„dromus von der Rhetorik in drei besonderen Rollen
„finden."

S. 286. im 1. Theil eben dieser Briefe gehöret
noch folgendes hieher: „Als diese Rollen zuerst ge-
„funden wurden, meinte man, es wären schlechte
„Stücke Holz; und über diesen Irrthum verwunderte
„ich mich nicht. Denn sie gleichen völlig hartem
„Holze, und sehen aus, als wenn sie an beiden En-
„den abgesäget sind; sind sehr schwer und fest, und
„länglicht, als hätte man den Stamm von einem
„Baum abgesägt. Sie sind von ungleicher Länge
„und Dicke. Einige können eine halbe schwedische
„Elle in der Länge haben, andere weniger. Sie sind
„alle gleich rund, doch sind viele gepreßt und gedrückt
„worden, wovon sie eine andre Gestalt angenommen
„haben, so wie man an Stämmen von Bäumen, in
„Rücksicht auf ihre Rundung, verschiedene Gestalten
„wahr-

"wahrnimt. Viele sind verbrannt und schwarz, an-
"dre kaffeebraun, einige dunkel und fallen ins graue.
"Da man Anfangs nicht wußte, welchen hohen Werth
"diese Klötze hatten, schnitt man mit einem Messer
"hinein, um zu sehen, von was für Art Holz sie wä-
"ren: alle blieben in gleicher Ungewißheit, bis end-
"lich der gelehrte Mazochi sie zu sehen bekam. Er sah,
"was es war, weinte vor Freuden und küßte sie. Aber
"das schlimmste war, daß sie nicht konten abgewickelt
"werden. Nur die Stücke konnte man lesen, die man
"mit dem Messer eingeschnitten hatte, welches doch die
"Rolle verdarb. Nachher berief man den geschickten
"Mönch, Vater Antonio Piaggio, einen Genefer
"von Geburt, der damals bei der vaticanischen Biblio-
"thek einen Dienst hatte, hieher. Es war im Jahr
"1754, als er hieher kam. Sein Versuch glückte,
"und bisher ist man beständig mit dieser sauren Arbeit
"beschäftiget gewesen. Sie ist so schwer, daß man
"es mit Worten nicht auszubrücken vermag. Die Ma-
"schine, die er dazu erfunden hat, rückt nicht so ge-
"schwinde fort, als der Zeiger an der Uhr. Denn
"Stückchen für Stückchen muß mit einer Haut befe-
"stiget werden. Man kommt in einem Tage nicht um
"einen halben Daumen breit weiter. In 11 Jahren
"hat man nur 6 Rollen abgewickelt. Die beiden letz-
"ten

„ten sind noch nicht fertig: daher weiß man von die-
„sen beiden auch die Verfasser noch nicht, weil Titel
„und Namen allezeit am Schlusse des Werks zu in-
„nerst in der Rolle stehen. Die 4 ersten sind alle,
„wie gesagt, vom Philodromus."

Auf eben die Art, wie man das ägyptische Papier verfertigte, machte man auch aus den harten Häuten der Bäume eine Art Papier, das aber nie einen so ausgebreiteten Ruf erhielt.

Der König Ptolemäus Epiphanes in Aegypten errichtete, wie Ihnen bekannt ist, in Alexandrien eine außerordentliche zahlreiche und ansehnliche Bibliothek. Eumenes, König von Pergamus, wetteiferte mit ihm, und suchte ihn, wo möglich, zu übertreffen. Dis veranlaßte Ptolemäus, daß er die Ausfuhr des ägyptischen Papiers bei scharfer Strafe verbot. Vielleicht geschah es aus Neid, vielleicht aber auch deswegen, weil er Mangel an Papier befürchtete, denn die Papierpflanze, oder Deltosstaude, wuchs bei ungünstiger Witterung nicht häufig, und hatte alsdann auch nicht die gehörige Güte. Die Pergamer mußten also nothwendig auf die Erfindung einer andern Schreibmasse denken: und so erfanden sie das bei uns noch so nüzliche Pergament, dem die Stadt Pergamus, worin es zuerst unter der Regierung des Königs Attalus erfunden ward, den Namen gegeben hat.

Der Gebrauch des Pergaments soll schon sehr alt seyn: Herodot in seinem Buche, Terpsichore betitelt, versichert, daß man in den ältesten Zeiten auf Hammel- und Ziegenfelle, so man Διφθέραν genennet, geschrieben. Im zehnten Buch der jüdischen Alterthümer des Josephus stehet, daß, als der Hohepriester Eleazar dem Ptolemäus Philadelphus eine Abschrift von der heiligen Schrift zugeschickt, welche durch die 72 Dollmetscher in die griechische Sprache übersezt werden solte, der König die Feinheit der Haut (tenuitatem membranæ) auf welche selbige geschrieben war, bewundert habe. Dieses war gegen das Jahr 277 vor Christi Geburt. Der P. Mabillon und der P. Montfaucon glauben, daß der Gebrauch der Häute zum schreiben viel älter sey, als der Gebrauch der Rinde, oder des ägyptischen Papiers. Schon lange vorher, ehe vom Eumenes die Kunst des Pergaments (Chartæ Pergamenæ) erfunden, brauchte man schon im Orient die Thierhäute zur Schreibmasse; allein solches konte man noch kein eigentliches Pergament nennen. Zu Pergamo erfand
man

man allererst das Mittel, die Kunst zu ihrer Vollkommenheit zu bringen, und das Pergament (Chartam Pergamenam) zu machen, welches, wie *Brideaux* hist. des Juifs, Part. I. lib. 7. vom Jahr 332. und Mr. *Freret*, Mem. de l'academie des Inscript. t. 6. p. 182. versichern, an Glätte, Schmeidigkeit und Dauer, das ägyptische Papier, so allezeit rauh und spröde war, unendlich übertraf. Man nennet es auch membrana, und französisch velin, weil es aus Schaaffell, Eselshaut, oder andern Thierhäuten bereitet wird. Zu Rom machte man starken Gebrauch davon. Im 14ten Buche der Sinngedichte Martials, welches Apophoreta betitelt ist, wird von verschiedenen Schriftstellern geredet, deren Werke auf Häuten und Fellen geschrieben gewesen.

> Quam brevis immensum cepit membrana Maronem;
> Ilias & Priami regnis inimicus Ulysses
> Multiplici pariter condita pelle latent.

Rom lieferte das beste und feinste Pergament. Cicero sagt, daß er Homers Iliade auf Pergament geschrieben und in einer Nußschale verschlossen gesehen habe. Die ersten Arbeiter wußten dem Pergament nur

nur die gelbe Farbe zu geben; in Rom aber lernte man es weiß zu machen, doch blieb man nicht dabey, weil es zu sehr schmutzte und zu blendend war. Die gelbe Farbe gab man ihm nur auf der einen Seite, auf der andern blieb es weiß; die Purpurfarbe aber gab man ihm auf beiden Seiten, und dann beschrieb man es gemeiniglich mit silbernen oder goldenen Buchstaben. Doch wiederfuhr diese Ehre, mit goldenen Buchstaben geschrieben zu werden, gemeiniglich nur den Büchern der heiligen Schrift, und besonders nur den Psalmen und den Evangelien.

Die damalige Welt bediente sich aber nicht nur einzig und allein des ägyptischen Papiers und des Pergaments; denn theils behielt man Steine und Metall, und besonders das leztere, der Dauerhaftigkeit wegen, immer bei, wenn man auch andere Schreibmassen hatte; theils war die Erfindung der Aegyptier und Pergamer vielen andern damals blühenden Völkern nicht bekannt. Plinius erzehlt uns, daß die Parther zu seinen Zeiten ihre Kleider beschrieben.

So geht es oft mit den nüzlichsten Erfindungen. Entdeckte man nicht noch im vorigen Jahrhundert in

Ost-

Ostindien eine Insel, deren Einwohner kein Feuer kannten, das doch der ältesten Welt schon bekannt seyn mußte, weil es Schmiede gab? Als die Europäer dort zuerst Feuer anmachten, liefen sie verwundernd hinzu, um es zu befühlen, und da sie sich verbrannten, hielten sie es für ein beißiges Thier.

In Europa fing man erst im sechsten Jahrhundert an, sich des Pergaments zu bedienen, häufiger schon im achten, und noch allgemeiner im neunten Jahrhundert. Die ältesten Handschriften also, die wir haben, müssen auf Pergament geschrieben seyn.

Die Bücher von beugsamen Schreibmassen legte man entweder in Falten, wie wir einige Schreibtafeln und unsere spanischen Wände falten, die Chineser aber noch jezt ihre Bücher zusammenlegen; oder man rollte sie auf. Die Bücher von der erstern Gattung hiessen libri plicatiles, (Faltenbücher), und wurden in besonderen Futteralen aufbewahrt. Die von der leztern Gattung aber wurden volumina (Rollen) genannt.

Man klebte das Ende des Papiers, oder Pergaments an einen runden Stab von kostbarem Holz

oder

ober Helfenbein, der umbilicus hieß, und rollte um denselben das Stück Papier, oder Pergament auf, wie noch jezt Grundrisse, oder Landcharten aufgewickelt werden. Ich hab Ihnen dis schon bei der Erklärung der Redensart: librum ad umbilicum reducere (ein Buch endigen), gesagt. Diese Rolle wurde alsdann mit Riemen zusammengebunden. Die beiden Seiten, die durch die um den Stab laufenden Rollen entstanden, hiessen frontes. Wir würden's den Schnitt nennen. Die beiden hervorragenden Enden des Stabs aber nannte man cornua. Die frontes (oder der Schnitt) wurden mit Bimstein geglüttet und bemahlt, und die cornua mit Gold, Silber und Edelgesteinen gezieret. An den Anfang der Rolle wurde ein Streif von gefärbten Pergament festgemacht, worauf der Titel des Buchs, und des Verfassers Name stand. Man steckte oft diese ganze Rolle noch in ein Futteral von Pergament, oder einer andern Materie.

Diese Rollen konten aber nur auf einer Seite beschrieben werden, und beim Lesen mußte man sie erst mühsam auseinander wickeln und ausbreiten. Dis war nicht nur dem Leser sehr beschwerlich, sondern die Bücher wurden auch durch das öftere auf- und zurol-

zurollen beträchtlich beschädigt. Man fiel also auf unsere, viel bequemere Art, die Bücher zu binden, wodurch man auch den Vortheil erhielt, daß beide Seiten des Pergaments konten beschrieben werden. Die Pergamentrollen wurden zwar dadurch seltener, aber man trifft demohngeachtet noch viele dergleichen Rollen an. Die Juden haben noch heutigestages in ihren Synagogen solche Rollen, worauf ihre Torah, oder die fünf Bücher Mosis geschrieben sind. Die ersten, nach unserer Weise gebundenen Bücher waren mit Draht oder Blech zusammengefügt, und wurden, damit sie nicht schadhaft würden, in Futteralen von Gold, Helfenbein, Thierhäuten und Pergament aufbewahrt. Nachher kam man darauf, dis an die Blätter selbst zu befestigen. Das Gold, Helfenbein und Silberblech wurde erst nur über die erste Seite der Bücher gemacht, die damals nicht aufgestellt wurden, sondern auf Pulten lagen. Gemeiniglich war dis Blech von getriebener Arbeit, und stellte biblische Figuren vor. Man befestigte es mit Stiftchen, und besetzte es mit damals gewöhnlichen Edelgesteinen, als Achat, Onyx, Jaspis, auch wol mit Perlen. Diese Ehre aber wiederfuhr wiederum nur den Büchern der heiligen Schrift, und daurete von den Carolingischen bis auf die Ottonischen Zeiten.

Auf

Auf der wiener Bibliothek ist ein Psalmbuch, auf der Berliner aber, und auf der Regenspurger des Klosters St. Emeran, sind Evangelienbücher, welche auf diese Art eingebunden sind.

In den mittleren Zeiten verwandelten sich diese kostbaren Decken in Bretter, die man sehr dauerhaft machte, und mit dicken Stricken befestigte. Je älter die Bücher sind, desto dicker sind die Bretter. Man überzog sie auch mit Leder, und versah sie mit ledernen Riemen, um sie zu befestigen. Im zwölften und dreizehnten Jahrhundert fing man an sie mit meßingenen Buckeln und Blechen an allen vier Ecken zu beschlagen, und mit Clausuren zu versehen. Diese Buckeln und Clausuren sind oft mit Figuren verziert. Mit der Ausbreitung der Buchdruckerkunst änderten sich auch nach und nach die Bände.

Da ich so unvermerkt, von dem ägyptischen Papier und Pergament, auf die Art die Bücher aufzubewahren gekommen bin; so will ich nun auch nicht eher wieder einlenken, bis ich Ihnen ein paar Worte von den Schreibwerkzeugen werde gesagt haben.

Den

Den Griffel der Alten, von Eisen oder Bein, womit man auf Metalle, Holz und mit Wachs überzogene Tafeln schrieb, kennen Sie schon. Lachen Sie aber nur nicht, wenn ich Ihnen noch sage, daß die spitzigen eisernen Griffel oft als Mordwerkzeuge gemisbraucht wurden, daß man sogar nöthig fand, sie zu verbieten. Die Sache ist gewiß, und jemehr Sie Gelegenheit haben werden zu bemerken, was es unter unsern heutigen Schriftstellern für Tollköpfe giebt, die ihren Grimm, dem Himmel sey Dank, doch nur aufs Papier ausschütten können, je wahrscheinlicher wird sie Ihnen werden. Die Werkzeuge, womit man vermittelst flüßiger Dinge schrieb, waren das Rohr, (calamus), und die Federkiele von Vögeln. Vermuthlich hat das ägyptische Papier zum Gebrauch des Rohrs Gelegenheit gegeben. Die Alten hielten das ägyptische Rohr für das beste. Die orientalischen Völker bedienen sich, nach dem Chardin, noch des Rohrs, und die Chineser mahlen mit Pinseln. Unsere Federkiele wollen einige schon beim Juvenal finden, wahrscheinlich aber irren sie. Gewiß ists hingegen, nach dem Isidor, daß sie im siebenden Jahrhundert schon allgemein bekannt gewesen sind.

Die

Die Alten hatten eine schwarze Dinte, (von tinctum), die auf verschiedene Art zubereitet wurde. Gewöhnlich war es blos Ruß mit Wasser angemacht, daher auch die Buchstaben größtentheils gelb aussahen. Die Titel, Anfangsbuchstaben und Anfangswörter schrieb man auch wol mit Purpur, Zinnober und Mennig. Die orientalischen Kaiser unterschrieben sich mit Purpur und Zinnober, und nur erst im zwölften Jahrhundert theilten sie diese Ehre mit ihren nächsten Anverwandten. Zu Hieronymus Zeiten schrieb man schon mit Gold, aber nur einige Bücher der heiligen Schrift. In der königl. französischen Bibliothek ist eine Handschrift des Gregorius Nazianzenus, mit silbernen Buchstaben, worin die angeführten biblischen Stellen mit Gold geschrieben sind: und in der zürchischen Bibliothek ein Psalmbuch mit silbernen Buchstaben, und goldenen Titeln, auf Purpurpergament. Die berühmte Handschrift der gothischen Uebersetzung der vier Evangelisten, vom Bischof Ulphilas, die sich in Upsal befindet, ist mit Silber, und wenn ich nicht irre, auf Taffent geschrieben, die Anfangsbuchstaben aber sind golden. In den Handschriften der mittlern Zeiten sind die ersten Zeilen gemeiniglich sehr schön. Doch entscheidet diese Pracht nichts für die Güte der Handschriften; die schlech-

testen

testen sind oft am schönsten geschrieben. Die Farben und das Gold sind sehr künstlich aufgetragen, besonders das leztere. Denn wenn man es schabet, so gehet es dennoch nicht aus. Das Blau ist vorzüglich schön.

Verzeihen Sie, daß ich Sie so lange mit diesen Dingen aufgehalten habe. Ich komme jezt aufs Papier zurück.

Alexandrien zog lange Zeit durch den Alleinhandel mit dem ägyptischen Papier große Reichthümer an sich. Allein im achten und neunten Jahrhundert fiel der Ruf dieses Papiers sehr, und im zwölften Jahrhundert, so sagt Eustathius, der Ausleger des Homers, gab man es ganz auf. Wahrscheinlich war die Erfindung des Baumwollenpapiers, welche ins achte, und nach andern ins neunte Jahrhundert fällt, der vornehmste Grund dieses Verfalls. Doch kan der allgemeine Gebrauch des Pergaments auch Theil daran haben. Um Baumwollenpapier, oder Cottonpapier, (charta cattunea, damascena, und unrichtig, bombycina), zu verfertigen, frazt man die Baumwolle, macht sie naß, und legt sie in Formen. Wann sie trocken wird, so bekömmt sie einige Festig-

C   keit

keit, wie ein Filz. Die weitere Bearbeitung dieses Filzes zu einer brauchbaren Schreibmasse ist mir aber nicht bekannt. Es war dies Cottonpapier mehr bei den Griechen als Lateinern im Gebrauch, daher man auch wenige lateinische Handschriften, aber desto mehr griechische, besonders vom dreizehnten und vierzehnten Jahrhundert auf solchem Papier antrifft. Herr Casiri *) belehrt uns, daß die Araber die Erfindung des Papiers einem gewissen Joseph Amru, im Jahr Christi 706, beilegen; doch aber bekennen, daß es schon vorher unter den Persern und Chinesern bekannt gewesen. Er sagt uns aber nicht, was es für eine Art Papier gewesen sey. Nach meiner Vermuthung war es kein anderes, als Baumwollenpapier, dessen Ursprung ohngefähr in diese Zeit fällt. Das jeztübliche Papier der Perser ist von Baumwollenlelnen, und wird durch Reisleim gezogen, welches ihm einen solchen Glanz giebt, wodurch auch die feinsten Züge leicht kenntlich werden. Um der Sonne willen giebt man dem Grunde wol eine graue oder bläulichte Tinctur.

Auch

*) In der *Bibliotheca Arabico - Hispana - Escurialens, Tom. II.*

Auch von seidenen Lumpen wird in Persien Papier gemacht; es ist aber lange nicht so stark, wie das unsrige, denn die seidnen Lumpen haben nicht die Festigkeit unsrer Leinwand. Die Druckerpresse würde es nicht vertragen, und vielleicht ist das mit eine Ursache, warum sie die vortreffliche Buchdruckerkunst noch entbehren, die Abbas II. zwar einführen wollte, aber durch den Tod an der Ausführung verhindert wurde. Sie geben dem Seidenpapier vermittelst der Seife eine weisse Farbe, und glätten es mit gläsernen Poliersteinen, die es so glatt, wie Atlas machen. Ueberhaupt geben sie dem Papier allerlei Farbe, und malen zuweilen silberne Blümchen darauf, die aber der Schrift nicht hinderlich sind.

Es ist unter ihnen der Gebrauch, alle Briefe an Personen vom Stande auf versilbertes Papier zu schreiben. Des europäischen Papiers bedienen sie sich häufig; sie müssen es aber erst glätten, und nach ihrer Art zurecht machen, ehe sie es gebrauchen. Indessen schätzen sie dasjenige, welches aus der kleinen Tatarey kömmt, weit höher, als das europäische. Uebrigens muß man noch bemerken, daß das Papier bei den Persern ein geheiligtes Ding ist. Alles beschriebene Papier wird deswegen von den Mohammedanern für heilig angesehen; weil sie befürchten, es könne der Name Gottes darauf geschrieben seyn. Wer es zerreißt, oder wol gar zum schmutzigen Gebrauch anwendet, wird als ein Ruchloser angesehen. Wollen sie des überflüßigen Papiers los seyn, so werfen sie es ins Wasser, oder stecken es in eine Mauer.

Ihre Dinte ist dick und klebricht, fast unsrer Druckerschwärze ähnlich. Sie haben blaue, rothe, goldfarbne, und machen zuweilen in ihren Schriften verschiedene Zierrathen am Rande, dergleichen wir an unsern alten Handschriften auch oft finden.

Ihre Federn sind ungemein hart, und bestehen aus Schilf, welches längst dem persischen Meerbusen in großer Menge wächst. Sie schneiden sie gewöhnlich mit einer langen Spitze: zum Schreiben sollen sie so sehr bequem seyn. Noch das muß ich hinzusetzen, daß es in Persien eine unglaubliche Menge Bücherabschreiber giebt, welche sehr sauber und zierlich, aber oft unkorrect schreiben. Ein geschriebenes Buch kostet dort etwa dreimal so viel, als bei uns vor 40 Jahren ein gedrucktes.

In

In Halle ist eine Handschrift des Korans auf Seidenpapier, die sehr geschäzt wird.

Die Chineser machen ihr Papier aus der innern Rinde des Bambusrohrs. Es übertrifft an Grösse und Feinheit alles andere Papier, kan aber nur auf einer Seite beschrieben werden. Wollen sie aber gern beide Seiten beschreiben, so werden zwey Blätter so geschickt übereinander geklebt, daß mans fast nicht merken kan. Eben dieser Methode bedienen sie sich auch bei gebundenen Büchern, sowol geschriebenen, als gedruckten. Die Erfindung des Papiers bey den Chinesern, setzen du Halde, Martini und le Compte ungefähr in das funfzigste Jahr der christlichen Zeitrechnung. Ehe sie Papier hatten, gruben sie ihre Buchstaben mit einem Griffel auf sehr dünne Bretter von hartem Holze, oder auch auf Bambus, das an Dauer unser Pergament übertraf. Es ist gewiß, daß die Chineser, wenigstens ihre canonischen und andere Bücher, die sie der Nachwelt überliefern wollten, auf dergleichen hartes Holz geschrieben haben. Durch den Handel ist es in Europa sehr bekannt geworden, daß es nicht leicht eine ansehnliche Bibliothek giebt, wo man nicht einige chinesische Bücher antrifft. Auch aus den Seidenwürmercocons, welche die Manufacturisten wegzuwerfen pflegen, nachdem sie die Seide abgewunden, pflegen die Chineser Papier zu machen ——. Eben so nützen sie das zarte Häutchen vom Kuchu=Baume *).

Die Tiebetaner hingegen verfertigen aus der Rinde einer Baumwurzel, deren innere Substanz mit dem Werg Aehnlichkeit hat, ein Papier, welches vor dem chinesischen den Vorzug hat, daß man es auf beiden Seiten beschreiben kan. Ob es gleich sehr fein und durchsichtig ist, so schlägt die Dinte wegen des guten Leims doch nicht durch. Sie ziehen diese Rinde ab, thun sie in große Mörser, lassen sie im Wasser faulen, stampfen sie mit hölzernen Stämpfeln zu einem Brey, und verfahren vermuthlich eben so damit, wie wir mit dem Lumpenbrey. Die Papierbogen sind auch sehr groß.

In Japan wird aus dem sogenannten Papierbaum Papier gemacht, welches sehr stark, überaus weiß, und viel geschmeidiger als das unsrige ist. Wegen der

*) Von noch mehrerern Materien und Pflanzen, welche zum Papiermachen gebraucht werden könnten, handelt Herr von Justi im Schauplatz der Künste und Handwerker, Theil I. Seite 443. u. f.

der Güte und Feinheit des Papiers sowol als auch wegen der Zierlichkeit des Schnitts ihrer Formen, und der Güte ihrer Dinte, übertrifft der Druck der Japaner beiweitem den chinesischen. Sie streiten auch mit den Chinesern über die Erfindung der Buchdrukkerkunst. Ihr Papierbaum ist eine Gattung von Maulbeerbäumen, dessen Rinde große Eigenschaften hat. Man macht Stricke, Stoffe, hauptsächlich aber Papier daraus. Der Baum ist dick und ästig, der Stamm gerade und glatt, seine Zweige stark und büschig. Die Frucht ist sehr unschmackhaft. Er schießt sehr stark in die Höhe, und wächst unglaublich geschwind. Von diesem Baume schneidet man junge, wenigstens drei Fuß lange Zweige ab, bindet sie in Bündel, läßt sie vier und zwanzig Stunden in kaltem Wasser weichen, und kocht sie nachher in einer Lauge von Asche. Wann sie kalt geworden sind, so spaltet man sie der Länge nach, um die Rinde abzuziehen, woraus das Papier gemacht wird, nachdem vorher die erste Haut davon abgeschabt, und sie sorgfältig rein gemacht worden. Die weitere Zubereitung muß ich übergehen. Auch aus der sogenannten Pflanze, Koadsin, machen die Japaner Papier, und vermischen den Teig mit einer zähen Infusion von Reis und einer Wurzel, Namens Oreni.

Der Gebrauch des Baumwollenpapiers breitete sich fast durch ganz Europa aus, und daurete bis ins vierzehnte Jahrhundert. Da man es aber weit herholen und große Summen dafür nach Asien schicken mußte, so kam es selten nach Deutschland und in die nördlichen Länder. Dies brachte wahrscheinlich die Deutschen darauf, zu versuchen, ob sich aus ihrem Flachs und Hanf nicht auch eine solche Schreibmasse verfertigen ließe, dergleichen man im Orient aus der mürben und kurzfaserigten Baumwolle machte. Da ihr Versuch gelang, und sie auch nachher entdeckten, daß es viel vortheilhafter sey, die Lumpen von alter abgenuzter Leinwand zu zerstampfen, und aus diesem Brei Papier zu verfertigen; so sind wir nun so glücklich, ein Papier zu haben, welches zwar nicht so stark ist, als das Pergament, aber dasselbe an weiße und am wohlfeilen Preise sehr weit übertrifft.

Montfaucon findet den Gebrauch des Leinwandlumpenpapiers zuerst beim Petrus Venerabilis, Abt zu Clügny, in seinem Buch gegen die Juden, also im zwölften Jahrhundert. Er vermuthet, daß es im Occident möchte an die Stelle des ägyptischen Papiers getreten seyn, welches im eilften und zwölften Jahrhundert abkam, so wie im Orient das Baumwollenpa-

Papier an deſſen Stelle kam. Allein, ob der Abt gleich von Büchern redet, die man aus Lumpen verfertigte, (qui ex raſuris veterum pannorum compacti eſſent), ſo iſt es doch ſehr wahrſcheinlich, daß dies vom baumwollenen Papier zu verſtehen ſey; denn anfänglich hat man wol aus unverarbeiteter Baumwolle Papier gemacht, aber man fing ſchon früh an, die erſten Producte des Landes beſſer zu ſchützen, und gebrauchte nur Lumpen (raſuras veterum pannorum) zum Papier. Dieſer Umſtand aber macht es uns auch ſehr ſchwer, die Zeit des erſten Gebrauchs des Leinwandpapiers genau feſtzuſetzen; denn da man ſowol Leinenzeug als Baumwollenzeug trug, und man die Lumpen von beiden Zeugen gleich brauchbar fand, ſo hat man gar kein Bedenken getragen, beide beim Papier zu vermiſchen. Daher läßt ſichs denn leicht begreifen, warum ſolches halbbaumwollene Papier von den Gelehrten bald für baumwollenes, bald für leinenes gehalten wird. Die Bemerkungen über die Handſchriften auf Leinwandpapier ſind auch noch bisher ziemlich unvollkommen.

Der Herr Abt Reſewitz, wenn ich nicht irre, äußert eine Muthmaſſung, die uns die Urſache, warum man angefangen habe, ſtatt des baumwollenen

Papiers sich des leinenen zu bedienen, sehr wahrscheinlich angiebt*). "Venedig, sagt er, war bekann-
„ termaßen vorzeiten der einzige Sitz des orientalischen
„ Handels, und es ist leicht zu erachten, daß es den
„ andern europäischen Ländern unter andern griechi-
„ schen und dergleichen Waaren, auch viele baum-
„ wollene Zeuge werde zugeführt haben, die mit
„ der Zeit zu Lumpen, und hernach zu Papier ge-
„ worden, indem man diese Lumpen wohlfeiler und
„ bequemer fand, als ägyptisches Rohr und Baum-
„ rinden. Nachdem andere Länder an der Handlung
„ Theil genommen, hat man auch vermuthlich auf
„ die Produkte eines jeden Landes Acht gehabt, und
„ es ist natürlich, daß jemehr Hanf und Flachs in Eu-
„ ropa gebauet worden, desto weniger baumwollene
„ Zeuge aus Griechenland und Asien eingeführt wur-
„ den, und also ein größerer Vorrath von leinenen, als
„ von baumwollenen Lumpen gewesen." Selbst nach
Herrn Meermanns Zeugniß**) findet sich das älteste
bisher bekannte Denkmal des leinenen Papiers in
Hol-

*) Im 13. B. der Briefe, die neueste Litteratur betreffend.

**) In seiner *Admonitione de chartæ nostratis seu lineæ origine.*

Holland (in Amsterdam vom Jahr 1322.), woselbst und in den benachbarten Ländern bekanntermaßen seit langen Zeiten viel Flachs gebauet wird. In Italien und Spanien hingegen findet man, daß das baumwollene Papier am längsten gebraucht worden, welches sich gleichfalls sehr leicht begreifen läßt. Und wenn man bedenkt, wie früh das mächtige hanseatische Bündniß dem venetianischen Handel die Waage gehalten; so sollte man fast glauben, daß man in den hamburgischen, lübeckischen, bremischen, münsterschen, und andern niedersächsischen Bibliotheken vielleicht noch ältere Denkmale des leinenen Papiers finden werde, als dasjenige, das Herr Meermann in Holland gefunden hat.

Herr Meermann führt in seiner obbenannten Schrift die bisherigen Bemerkungen kürzlich an:

In Italien, sagt er, sind die auf Leinenpapier geschriebene Bücher jünger, als 1300, ja nach Maffeys Vermuthung ist das älteste Dokument von 1367.

Von Spanien hat man keine genaue Nachrichten. Vermuthlich aber ist die Epoche des Gebrauchs

brauchs des Leinenpapiers um eben die Zeit, oder etwas später zu setzen.

In England hat man in der cottonianischen Bibliothek ein auf Leinenpapier geschriebenes Dokument vom Jahr 1342 gefunden.

Was Deutschland betrifft, so hat man im quedlinburgischen Archive einen auf Leinenpapier geschriebenen Lehnbrief von 1339 gefunden.

In Frankreich hat Mabillon kein älteres Stück als vom Jahr 1314 gekannt. Herr Bullet (in seinen recherches historiques sur les Cartes à jouer) will ein Dokument von 1302 gefunden haben.

Alle diese Bemerkungen sind jedoch, nach Herrn Meermanns Geständniß, noch unvollkommen.

Herr von Murr *) belehret mich, daß 1319 schon ziemlich gutes Leinenpapier sey verfertiget worden, und aller Wahrscheinlichkeit nach, in Nürnberg.

Lei-

*) In seinem Journal zur Kunstgeschichte und zur allgemeinen Litteratur, im 2. Th. S. 95. f.

Leinentuch war, wie er behauptet, im Jahr 1290 schon so gäng und gäbe, wie jezt. Er hat in einem alten nürnbergischen pergamenen Gesetzbuche in Fol. hinten zwei Papierblätter angenähet gefunden. Das eine, worauf etliche Verordnungen stehen, die Sicherheit der Bürger betreffend, hat kein Papierzeichen. Auf dem andern aber, auf welchem die Consules (Bürgermeister), Scabini (Schöpfen) und Nomhnati (Genannte), von 1319 verzeichnet sind, sieht man zwey übereinander liegende Triangel, wann man es gegen das Licht hält. Beide Blätter sind ziemlich dicht, aber noch etwas rauh und nicht gar weiß, und zeigen also, wie Herr von Murr glaubt, den Anfang der Kunst; denn das Papier von der leztern Hälfte dieses Jahrhunderts fand er sehr weiß und stark. Der Beweis von diesem Dokumente ist aber nicht so bündig, als man ihn wünschen möchte; denn weil die Bürgermeister und Schöpfen der Stadt Nürnberg vom Jahr 1319 drauf stehen, so folgt noch nicht, daß das Papier in dem Jahre, und zwar in Nürnberg gemacht sey.

Ich finde in meinen Papieren den Renner, auf der Paulinerbibliothek in Leipzig, von 1312, als das älteste Dokument auf Leinenpapier aufgezeichnet; ich
weiß

weiß aber nicht mehr, woher ich diese Nachricht habe, und bin daher zu furchtsam, sie für ganz zuverläßig' auszugeben. Sie können sich leicht weiter darnach erkundigen, wenn Ihnen viel daran liegt.

Höchstwahrscheinlich, ja fast gewiß ist es, daß die Erfinder Deutsche waren. Und hätte man im Anfange des vierzehnten Jahrhunderts nicht gewußt, aus leinenen Lumpen Papier zu verfertigen, so wären auch niemals Kartenmacher entstanden, und vielleicht würde bis jezt noch an keine Holzschnitte, noch vielweniger an die Buchdruckerey gedacht worden seyn.

Daß in Europa die Kartenmacher die ersten Formschneider waren, ist gewiß; und eben so gewiß ist es, daß gedruckte Karten eine deutsche Erfindung in der Mitte des vierzehnten Jahrhunderts sind *). Nach den Karten, schnitt man zuerst Bilder der Heiligen in Holz, für die Geistlichen zum Austheilen, denn die Herren Kartenmacher, oder Briefmaler wollten nicht nur

---

*) S. des Herrn von Heineken Nachrichten von Künstlern und Kunstsachen, Th. 2. und seine *Idée générale d'une Collection complette d' Estampes &c.*

nur den Kindern dieser Welt, sondern auch den Andächtigen dienen. Darauf wurden Geschichten in Holz geschnitten, und ganze Folgen von solchen Blättern verfertigt, z. E. die Biblia pauperum, die Apokalypsis, Ars moriendi, mit Text, zum Unterricht und zur Erbauung. Guttenberg hatte den großen und glücklichen Gedanken, diese auf Holztafeln geschnittenen Erklärungen mit einzelnen Buchstaben vorzustellen, und ward der Erfinder der Buchdruckerkunst. So bietet eine Erfindung der andern die Hand.

Die Druckerey war vermuthlich eine Ursache der weitern Ausbreitung des Leinenpapiers, denn das Baumwollenpapier ist zum Drucken zu glatt und zu stark.

In Holland und Frankreich, und zwar, was dieses Reich anbetrifft, vornemlich in Auvergne, Angoumois und Montargis, nicht weit von Paris, werden die feinsten europäischen Papiere verfertigt.

In England ist eine Prämie für den bestimt, der neue Materialien anzeigen würde, die man mit Vortheil in den Papierfabriken brauchen könte. Herr Schäfer in Regensburg hat aus geraspelten Holzspänen, aus

aus Moos, aus Pappelwolle, aus Weidenrinde, aus Werg von Flachs und Hanf, aus Maulbeerbaumholz, aus Aloeblättern, aus dem Stamm von Rübenkohl, aus Stroh, aus Waldreben, aus der großen Nessel, aus Linagrostis u. s. f. Papier gemacht. Es schlägt nicht durch, nimt die Dinte wohl an, und scheint, ob's gleich etwas grau und rauh ist, gut zum Gebrauch zu seyn.

Bisher hat man beständig geglaubt, man könne einmal bedrucktes Papier zu nichts weiter, als zu Pappen, Löschpapier, zum Einwickeln der Waaren in den Kramläden u. s. w. gebrauchen. Wäre dies, so könte vielleicht einmal eine Papiertheurung entstehen, weil jezt so viel Makulatur gedruckt wird. Allein der berühmte Herr Professor Claproth in Göttingen hat dieser nicht ungegründeten Besorgniß für unsre armen Nachkommen nun völlig abgeholfen, und in einer kleinen Schrift *) gezeigt, wie sie

*) Der Titel dieses nicht genug bekannten nützlichen Blatts ist: Eine Erfindung, aus gedrucktem Papier wiederum neues Papier zu machen, und die Druckerfarbe völlig herauszuwaschen, von D. Justus Claproth, öffentlichen Lehrer der Rechte und

künftig alle Makulature, die wir ihnen hinterlassen werden, wieder in brauchbares Papier verwandeln können. Ein großer Schade für sie, wenn diese nüzliche Erfindung nicht auf sie gelangen sollte! Die bloße Walkerde oder Wascherde ist hinlänglich, die Druckerfarbe gänzlich auszuwaschen. Die Schrift des Herrn Professors ist auf solches umgearbeitetes Papier von einigen alten Folianten gedruckt.

Wenn Sie, mein Lieber, bis hieher gelesen haben, so rath' ich Ihnen, nach der Papiermühle zu N. zu reiten, wo Ihnen der Papiermüller die Einrichtung der Mühle zeigen, und ausführlich erzehlen kan, wie unser Leinwandlumpenpapier gemacht wird; denn ich fürchte, Sie werden zu lange sitzen, wenn Sie nach einem so langen Briefe noch im siebenten Bande des Spectacle de la Nature; oder kürzer beschrieben, in Herrn Ludwig von Beausobre's allgemeiner Einleitung in die Kenntniß der Politik ꝛc., die lange Anmerkung auf der 195. und folgende Sei-

Beysiger der Juristenfacultät. Göttingen, bei Barmeier, 1774. 8 Seiten in 8vo.

D

Seiten, die Bereitung desselben, nachlesen wollten. Ich bin, seitdem ich an diesem Sendschreiben geschrieben habe, schon zweimal in Lübeck gewesen, denn einen solchen Brief kan man nicht in einer Sitzung, wenn ich so reden darf, schreiben.

Viel Vergnügen auf dem Spatzierritt.

der Ihrige.